AF498972

1913. Novembre 21

814 Chambre des Commissaires-Priseurs
Envoi à la Bibliothèque Nationale

VENTE

Du Vendredi 21 Novembre 1913

HOTEL DROUOT, SALLE N° 11

A DEUX HEURES

OBJETS DE L'EXTRÊME-ORIENT

Mᵉ ROBERT BIGNON
COMMISSAIRE-PRISEUR
41, rue de la Victoire

M. JOSEPH LOGÉ
EXPERT
57, rue Saint-Lazare

CATALOGUE

DES

Objets d'Art de l'Extrême-Orient

MEUBLES EN LAQUE ROUGE ET INCRUSTÉS

ARMES ANCIENNES

PORCELAINES, FAIENCES

IVOIRES, NETZUKÉS, JADES

BRONZES, PEINTURES

Étoffes Anciennes et Modernes

PEINTURES ANCIENNES, ETC., ETC.

Dont la Vente aura lieu

HOTEL DROUOT, SALLE N° 11

LE VENDREDI 21 NOVEMBRE 1913

à deux heures

Me ROBERT BIGNON
COMMISSAIRE-PRISEUR
41, rue de la Victoire

M. JOSEPH LOGÉ
EXPERT
57, rue Saint-Lazare

Chez lesquels se distribue le Catalogue

EXPOSITION PUBLIQUE

Le Jeudi 20 Novembre 1913, Salle N° 11, de 2 h. à 6 heures

CONDITIONS DE LA VENTE

Elle sera faite au comptant.

Les adjudicataires paieront *dix pour cent* en sus des enchères.

Paris. — Imp. de l'Art, Ch. Berger, 41, rue de la Victoire.

DÉSIGNATION

PORCELAINES DE CHINE ET DU JAPON

1 — Lot de théières et petites tasses.

2 — Paire de vases du Japon, en porcelaine de Nagasaki.

3 — Deux coupes en porcelaine de Chine, décor Japon.

4 — Deux plats en porcelaine, à décor polychromes de la Compagnie des Indes.

5 — Seau en Satzuma, à décor de personnages.

6 — Bonbonnière de même genre, mais plus petite.

7 — Grande bonbonnière en céramique japonaise de Kioto.

8 — Paire de petites bouteilles en porcelaine bleue du Japon.

9 — Très grand plat du Japon, décor de pivoines et de papillons.

10 — Plat de Chine en porcelaine de Canton et petit vase de même genre.

11 — Statuette polychrome chinoise en porcelaine, représentant une Kwannin assise sur un socle de même matière et décoré. Époque Kien-lung.

12 — Paire de petites potiches en porcelaine de Chine, fond céladon, décor de fleurs polychromes en relief.

13 — Paire de chimères, en porcelaine, décor aux trois couleurs de style Kang-si, sur socle de même matière.

14 — Statuette en marbre, figurant le Senin Gama assis, accompagné d'un crapaud. Pièce ancienne chinoise.

15 — Lot de onze petits objets de porcelaines diverses.

16 — Figure de Putaï en blanc de Chine.

17 — Statuette en porcelaine de Kutani : Femme accompagnée d'un chien.

18 — Bouddha en grès.

19 — Brûle-parfums en porcelaine d'Imari du Japon.

20 — Petite potiche et soucoupe en grès de Ninseï.

21 — Lot de dix coupes et bols en porcelaine de Chine.

22 — Grand plat en Satzuma, ornés de divinités.

23 — Plat et coupe en Satzuma, orné de personnages.

24 — Bouteille en porcelaine du Japon.

25 — Lot de quatorze plats, assiettes et soucoupes en porcelaines diverses.

26 — Paire de petits vases, décor de personnages polychromes.

27 — Vase flammé ancien, de Chine.

BRONZES

28 — Deux statuettes chinoises en bronze.

29 — Statuette en bronze figurant un Putaï.

30 — Deux ibis en bronze, supportant des brûle-parfums.

31 — Deux autres, montés à l'électricité.

32 — Deux Bouddha en bronze, assis sur des lotus.

33 — Deux grands vases, à col évasé, très ouvragés, avec dragons et oiseaux en relief.

34 — Lampe, formée d'un brûle-parfums en bronze du Japon monté sur un dragon.

35 — Deux éléphants en bronze, surmontés de pagodes.

36 — Jardinière en bronze japonais, décor d'oiseaux et de fleurs en relief.

37 — Groupe de trois petits chiens de Fô en bronze ciselé.

38 — Vide-poche en cuivre incrusté, du Tonkin.

39 — Paire de chandeliers en bronze.

40 — Quatre petits bronzes.

41 — Rat en bronze ciselé. Travail japonais.

42 — Cheval se cabrant, monté sur socle en bronze du Japon. (*Pièce ancienne, portant des traces de dorure.*)

ÉMAUX CLOISONNÉS
ÉMAUX DE CANTON

43-44 — Assiette en émail jaune de Canton, et neuf pièces de même genre émaillées bleues et roses, formant surtout.

45 — Petite boîte en émail bleu sur cuivre.

46 — Tasse et soucoupe en émail vert de Canton.

47 — Bonbonnière en cloisonné de Chine.

48 — Paire de bouteilles en ancien cloisonné de Chine, à décor de fleurs stylisées sur fond turquoise.

49 — Paire de petits brûle-parfums en vieux cloisonné, de même genre.

50 — Autre brûle-parfums, à trois pieds, en ancien cloisonné, de même décor.

JADES, PIERRES DURES

51 — Six bracelets imitant le jade vert.

52 — Cinq petites breloques pierres et matières diverses, montées sur filigrane.

53 — Broche et deux boucles d'oreilles pierre de lune, montées sur filigrane.

54 — Branche de trois fruits en jade laiteux, formant bonbonnière.

55 — Coupe en jade laiteux.

56 — Oiseau de Hô en cristal de roche.

57 — Groupe de sept sujets en stéatite, orné de dessins polychromes.

58 — Panneau de sept petites pièces en jade laiteux.

59 — Série de boutons de mandarins.

60 — Brûle-parfums en jadéite.

61 — Autre brûle-parfums, de même matière.

62 — Petite vase en jade foncé, muni d'un couvercle et gravé de dessins en relief.

63 — Une boucle de ceinture en jade foncé, gravée et ajourée.

64 — Un petit pendentif en améthyste, en forme de fruit.

65 — Un pendentif en jade laiteux, en forme d'anneau, et orné de chauves-souris stylisées.

66 — Un écran en bois de fer, orné d'une plaque en jade laiteux très ouvragé.

67 — Boîte cylindrique en jade laiteux.

68 — Petit brûle-parfums en jade, avec socle et couvercle en bois dur.

IVOIRES

69 — Douze petits netzukés en ivoire du Japon.

70 — Éventail, à monture d'ivoire; feuille décorée de personnages avec des têtes en ivoire.

71 — Cinq petits éléphants en ivoire, dont quatre montés sur marbre.

72 — Boîte japonaise en ivoire, dessins laqués et incrustés.

73 — Groupe de six petits personnages en ivoire peint.

74 — Deux cachets anciens en ivoire. Travail chinois.

75 — Boîte à poudre de riz en ivoire du Japon.

76 — Divinité : Benten Sama, sur socle en forme de lotus stylisé. Ivoire du Japon fait d'une pièce.

77 — Ivoire ancien chinois, figurant un personnage.

78 — Netzuké ancien du Japon, figurant un long personnage.

ARMES DIVERSES

79 — Poignard, à fourreau de cuir et manche en corne.

80 — Sabre japonais, fourreau orné de plaques de fer niellé.

81 — Dix lances et attributs en bois laqué rouge et or.

82 — Quatre pankas en plumes, montés sur bois laqué rouge.

83 — Quatre sabres indiens.

84 — Sabre persan, à manche de jade, lame damasquinée or.

85 — Yatagan à fourreau d'argent giselé et lame incrustée d'or.

86 — Yatagan, à fourreau d'argent ciselé et lame Damas incrustée d'or.

87 — Deux haches en fer incrusté d'or.

OBJETS INCRUSTÉS

LAQUES ANCIENS

PEINTURES ANCIENNES

DIVERS

88 — Collier de mandarin, composé de boules jaunes et vertes.

89 — Ceinture circassienne, pesant 530 grammes d'argent.

90 — Plaque de ceinture en argent. Travail bulgare.

91 — Plaque de ceinture en argent, de Bagdad.

92 — Deux petits tableaux, représentant des jonques chinoises, encadrés de bois sculpté.

93 — Deux autres plus importants, de même genre.

94 — Deux croix en bois de teck du Tonkin, incrustés de nacre.

95 — Trois coupe-papier, de même genre.

96 — Une petite jardinière en bois laqué, en forme de dragon allongé.

97 — Palanquin tonkinois, monté sur bois laqué rouge et or.

98 — Coffret arabe, incrusté de nacre.

99 — Socle à bétel en laque rouge, à rehauts d'or, monté en jardinière.

100 — Ancien et beau kakémono bouddhique, entouré d'étoffe lamée or.

101 — Belle gouache japonaise ancienne sur fond d'or : Trois jeunes femmes vêtues de robes somptueuses y figurent dans des poses nonchalantes.

102 — Album de peintures anciennes du Japon, composé de vingt dessins sur soie.

103 — Panneau chinois peint sur verre : Oiseau et fleurs.

104 — Tableau chinois peint sur verre : Scène de personnages.

105 — Deux boîtes rondes du Tonkin, ornées de dessins dorés sur fond rouge.

106 — Deux cadres, en forme d'écran, en bois de teck du Tonkin, incrustés de nacre.

107 — Boîte, de même genre.

108 — Socle à bétel, de même genre.

109 — Deux boîtes, de même genre, mais de formes différentes.

110 — Deux grands panneaux du Japon sur bois dur, incrustés de vases et de fleurs en nacre et ivoire.

111 — Une boîte ancienne du Japon en laque aventurine, à décor d'arbres et de volatiles et renfermant six petites boîtes à parfums décorées diversement.

112 — Deux éventails, dont un peint sur bambou.

113 — Coffre allongé chinois en bois dur ajouré.

114 — Coffret tonkinois en bois de santal, orné de motifs très ouvragés.

115 — Deux socles à bétel en bois de teck, incrustés de nacre.

116 — Coffret chinois en bois sculpté.

117 — Un « hibashi » japonais (nécessaire à fumer) en bois de shitan sculpté, avec brasero en métal ouvragé.

118 — Une plaque sonore, montée dans un support en bois laqué rouge à reliefs dorés.

119 — Une boîte en laque rouge, de forme allongée, décorée de dessins dorés.

120 — Deux éléphants en ébène.

121 — Six statuettes en bois doré.

122 — Tabatière en écaille ouvragé. Travail chinois.

123 — Boîte japonaise, contenant un jeu composé de petites tablettes à dessins en laque d'or.

124 — Six kakémonos divers et un lot de grands éventails et écrans.

125 — Lot de quinze anciens inros en laque du Japon.

126 — Deux écritoires en laque persane, ornés de figures.

127 — Grande lanterne chinoise, ornée de verres peints, pendeloques émail et perles, et montures en bois de fer.

128 — Lanterne, de même genre, incomplète.

ÉTOFFES BRODÉES

129 — Seize coussins divers, ornés de broderies de couleurs différentes.

130 — Lambrequin en satin rouge, orné de broderies d'or.

131 — Lambrequin, fond rouge, orné de caractères et frangé.

132 — Deux bandeaux, fond rouge, ornés de broderies de fleurs.

133 — Dix morceaux de broderies pour recouvrir des sièges.

134 — Quatre petites bandes brodées sur satin rouge.

135 — Deux drapeaux du Tonkin sur drap.

136 — Lambrequin à soie brochée orange : fleurs; broderie d'or.

137 — Lambrequin, à broderie de fleurs sur drap rouge.

138 — Deux devants de siège, ornés de broderies de fleurs sur drap rouge.

139 — Cinq jupes chinoises, brodées de motifs décorés diversement.

140 — Dos de piano, formé de quatre panneaux du Japon, fond crème, ornés de fleurs et d'oiseaux.

141 — Coussin indien brodé sur drap.

142 — Petite casaque en soie bleue encadrement de broderies.

143 — Petit panneau chinois, broderies de chimères et d'animaux sur satin rouge.

144 — Tapis de table, orné de fleurs brodées sur fond vert.

145 — Panneau, décoré de broderies de dragons sur fond bleu.

146 — Cinq écharpes annamites.

AMEUBLEMENT, TAPIS

147 — Table en laque de Chine.

148 — Petite étagère d'encoignure en laque noir du Japon, ornée de motifs dorés.

149 — Deux tables-gigognes en laque de Chine, fond noir, dessins dorés.

150 — Trois socles hauts chinois en bois de fer ouvragé.

151 — Socle en laque brun du Japon, décor de vagues et de chimères en laques divers.

152 — Six fauteuils cannés, monture en bois laqué rouge, ornés de reliefs dorés.

153 — Chaise cannée, de même genre.

154 — Banquette, de même genre, couverte d'un coussin en satin jaune brodé de fruits et fleurs.

155 — Petit paravent, à monture de bois laqué rouge simulant le bambou ; panneaux en soie couleur lie de vin, décorés de broderies bleues.

156 — Six grandes glaces hautes, encadrées de bois laqué rouge à filets or.

157 — Bureau en bois laqué rouge, surmonté de casiers et possédant deux tiroirs ornés de sculptures dorées.

158 — Glaces de cheminée, avec cadre orné de motifs sculptés en relief et dorés.

159 — Meuble tonkinois en bois de teck, orné de panneaux incrustés de nacre. Quatre portes à coulisses s'ouvrent sur le milieu.

160 — Très grand écran chinois, à monture de bois de fer ouvragé que supportent deux chiens de Fô. Grand panneau central en satin, décoré de broderies excessivement fines représentant divers oiseaux et des arbres fleuris.

161 — Très grand bahut, de même genre, orné de médaillons et entourages en bois sculpté et doré.

162 — Grand tapis oriental.

163 — Objets omis au catalogue.

www.ingramcontent.com/pod-product-compliance
Ingram Content Group UK Ltd.
Pitfield, Milton Keynes, MK11 3LW, UK
UKHW020537180726
13839UKWH00006B/2567